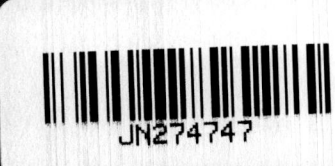

島田順子スタイル
パリ、大人エレガンス

Le Style
Junko Shimada

もくじ

5 **私のパリスタイル**

—— ヌーヴェルヴァーグみたいに

6 リブレリー・ガリニャーニ
10 ル・ヌムール
12 ドゥボーヴ・エ・ガレ
14 ウルトラモッド
16 JGM ギャラリー
18 ノートルダム寺院
20 ブラッスリー ボーファンジェ
22 国立自然史博物館
24 リュクサンブール公園
26 イヴリーヌ
28 ムリエ・フルール
30 アールキュリアル
32 ジュンコ シマダ
36 ロマン派美術館
38 ニューモーニング
40 アヴェ マリア
42 ハワイ
44 ナターシャさんの家
46 キッチンバザール
48 ムッシュ ブルー
50 カーヴ ペトリサン
52 モンマルトルの私の家

57 **インタビュー　順子からJUNKOへ**

65 **島田順子スタイル100**

—— 自分らしく着る

66 おでかけ気分で
84 リラックスしたいから
98 自分のために使う時間
116 お仕事スタイル
130 きちんと装うとき
144 かっこよく着る
166 かわいらしく着る

190 プロフィール

デザインのインスピレーションはどこから？
とよく聞かれますが、
1本の映画や1枚の絵画を観てぱっと思いつく、
というような、きれいごとではありません。
朝の光、空気の匂い、花の色、旅の記憶……
そうした生活の断片の積み重ね、そこに
「何か変化が欲しいわ」
という気持ちが重なったとき、
アイディアが生まれるのです。
そうしてできた私の服の数々、
作る人としての私、
着る人としての私を見てください。

島田順子

Inspirée par la Nouvelle Vague

私のパリスタイル

—— ヌーヴェルヴァーグみたいに

1966年、ヌーヴェルヴァーグの映画に憧れて、
私はパリに来ました。
風景も人間も目に入るものすべてが美しく、刺激的！
すべてを目に焼き付けたいと、
外が見えないメトロにはほとんど乗りませんでした。

これはパリで愛する22の場所で撮った、最新スタイル。
一見ファッションと何の関係もなさそうな場所も、
私のスタイルにつながっています。

1er arrondissement

1区

シルクのドレスに履く靴は

Librairie Galignani

リブレリー・ガリニャーニ

パンプスは素足に履くのが島田さん流。靴がコーディネートを引き締める。

中途半端な高さのヒール靴は嫌い。
思い切り高いか、フラットが好みです。
新しいハイヒールは歩き慣れないと格好悪いから、
まず家の中で履いてしまう。
こうして体に慣らしたものを身につけると、
いつでも心地よく、自分らしさを出すことができるのよ。

襟元がかわいらしいシルクのミニドレス。ヌーディなパンプスを合わせて大人の雰囲気。

私好みの新書が入ると
「取り置きしておくからね」
とスタッフのベルトランが電話をくれるのです。
他にもいい本屋さんがいくつかあったけれど、
経営が替わったり、閉じてしまったり、
とても残念です。

ベルトランさんの説明に熱心に聞き入る。この日は３冊のアートブックを購入した。

Librairie Galignani　9

224 rue de Rivoli 75001 Paris
01 42 60 76 07
a.m.10 – p.m.7　日休

200年以上の歴史がある古い本屋さん。
サンフロランタン通りの私の店から近くて、
かれこれ10年以上通っています。
写真や建築などのアートブックを買うことが多いけれど、
この間買った、ロブションのジャガイモ料理の本、
すごく役に立ったわ。

16世紀からイタリアで出版業を営むガリニャーニ家が、1800年パリに開いた書店。

肌寒い日のスウェード

Le Nemours

ル・ヌムール

国立劇場「コメディ・フランセーズ」の横にあるカフェ。朝から深夜まで賑わっている。

Le Nemours

2 place Colette 75001 Paris
01 42 61 34 14
a.m.7:30 – a.m.12（土 a.m.8:30 –　日 a.m.9:30 – p.m.10:30）

スウェードのコートは、袖が少し長いので、
たくしあげて着ています。
両腕同じ幅できちんとまくるより、
無造作にあげたほうがきれい。
動きがあるし、解放された気分になるのです。

レストランや流行のショップが集まるパリジャン憩いの場、パレ・ロワイヤルもすぐ近く。

2e arrondissement

2区

麻のブラウスで

Debauve & Gallais

ドゥボーヴ・エ・ガレ

ルイ16世の王室薬剤師だったスピルス・ドゥボーヴが1800年に開いたパリ最古のショコラトゥリー。

Debauve & Gallais

33 rue Vivienne 75002 Paris
01 40 39 05 50
a.m.9:30 – p.m.6:30　土日休

普通の服を普通に着たらつまらないから、工夫を。
かわいらしく清楚なブラウスには、
冷たい雰囲気のパイソン素材と
ワイルドなウエスタンブーツを合わせました。
今の概念を壊しちゃう、着崩しではなく、〈着壊し〉ね。

トリュフが順子さんのお気に入り。「頑固そうなマダム」が丁寧に応対してくれる。

大人のギンガムチェック

Ultramod

ウルトラモッド

1931年創業の手芸専門店。日本人スタッフが対応してくれる。帽子材料を扱う姉妹店もある。

Ultramod

3 et 4 rue de Choiseul 75002 Paris
01 42 96 98 30
a.m.10 – p.m.6　土日休

ふわりとしたAラインのラブリーなトップスは、
小さいころから大好きです。
少女っぽくなりすぎないよう
首のあきや袖丈を計算して
大人に似合うようなデザインに仕上げました。

戦前からストックするリボンやボタン、生地などが店内にぎっしり。

アクセサリーの遊び

JGM. Galerie

JGM ギャラリー

オーナーのジャン - ガブリエルさんは、フランソワ・ミッテラン元仏大統領の甥っ子。

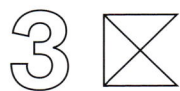

JGM. Galerie

79 rue du Temple 75003
01 43 26 12 05
a.m.11 – p.m.7　日月休

ゴールドのネックレスはアンティークなの。
服装がシンプルだったり、
どこかつまらない、と感じた日は
小物やアクセサリーを加えてユーモラスに。
そんなプラスαのアクセントを、大切にしています。

1988年開業、マレ地区にある現代アートギャラリー。順子さんはオープン以来通う。

4区

コートは、さらりと

Cathédrale Notre-Dame de Paris

ノートルダム寺院

ストレートラインのコートと、同素材のワンピースは50年代の女優のように優雅。

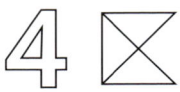

Cathédrale Notre-Dame de Paris 19

6 parvis Notre-Dame - place Jean-Paul II 75004 Paris
01 42 34 56 10
a.m.8 – p.m.6:45（土日 – p.m.7:15）

ボートネックのワンピースは、
昔から好きなデザインです。
両脇につけたポケットは、
ウエストまわりをきれいに見せる効果もあるの。
コートは前を締めず、あえてラフに羽織ります。

13 世紀に落成したゴシック建築で全長約130メートル。ステンドグラスの美しさも圧巻。

華やかなモノトーン

Brasserie Bofinger

ブラッスリー ボーファンジェ

1864年開業、パリで初めて生ビールを出したブラッスリー。ポンピドゥーなど歴代大統領も愛した。

Brasserie Bofinger

5-7 rue de la Bastille 75004
01 42 72 87 82
p.m.12 – p.m.3　p.m.6:30 – a.m.12（日 – p.m.11）

若くてお金がなかったとき、
「パリに親が来たら連れて行ってもらうシックな店」を
リストアップしていたの。
このブラッスリーもそのひとつ。
肉嫌いだった私がステーキをもりもり食べる姿を見て、
父がとても驚いていました。

シャツジャケットをくしゅくしゅっとスカートにたくしこみ、インナーにして着こなす。

柄×柄は思い切りよく

Muséum
National d'Histoire Naturelle

国立自然史博物館

17世紀創設、フランス最古の研究所のひとつ。18〜19世紀の学術調査隊による蒐集物が並ぶ。

Muséum National d'Histoire Naturelle
2 rue de Buffon 75005 Paris
01 40 79 56 01
a.m.10 – p.m.5（4 – 9 月は – p.m.6） 火休

場所に合わせてアーティなプリントの上下を着ました。
柄×柄のミスマッチングが面白いでしょう？
服の着方に、マニュアルはありません。
他人の目を気にせずに、自分のために装う心が大切。
おしゃれが楽しくなり、年齢や経験を重ねながら、
自分に似合う着こなしを発見できます。

作家ポール・クローデルはこのギャラリーを「パリでもっとも美しいミュゼ」と評した。

色と素材を楽しむ散歩道

Jardin du Luxembourg

リュクサンブール公園

マリー・ド・メディシスの住居、リュクサンブール宮の庭園として 17 世紀に造られた。

Jardin du Luxembourg

rue de Médicis - rue de Vaugirard 75006 Paris
01 42 64 33 99
開園 a.m.7:30 – a.m.8:15 の間　閉園 p.m.4:30 – p.m.9:30 の間（季節により異なる）

忙しくて旅に出かけられないときは、
画集などを見て、旅の気分に浸ります。
このビスコース素材のセットアップは、
ドラクロワが描いた東方の国の風景、
湖のブルーをイメージしました。

合計 100 以上の彫像、噴水が配される美しい公園。パリでも指折りの広さを誇る。

着心地いいスウェード

YVELiNE

イヴリーヌ

大好きなドラクロワ美術館の隣にあるアンティークショップ。「一見高級そうで、価格は良心的」

YVELiNE

4 rue de Furstenberg 75006 Paris
01 43 26 56 91
a.m.11 – p.m.6:30（月 p.m. 2:30 –） 日休

このスウェードのチュニックは
肩を広く開け、袖をタイトにすることで
首を長く、腕を細く見せてくれます。
ボディはフレアラインで女性らしく。
一枚でもバランスよく着こなせるの。

順子さんの家には、ここで買ったものがたくさんある。オーナーのアンヌさんと。

たまには鮮やかカラーで

Moulié Fleurs

ムリエ・フルール

目の覚めるように鮮やかな、透かしレースのドレスに、薄手のニットを重ねて。

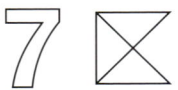

Moulié Fleurs

8 pl. du Palais Bourbon 75007 Paris
01 45 51 78 43
a.m.8 – p.m.8（土 – p.m.7:30） 日休

明るい色や柄ものなど、
あまり着ない服にどんどん挑戦してください。
さわやかでフレッシュな気持ちになって、
今の自分のイメージからも脱皮できる。
勇気を出して、新しいものにトライすることが
チャーミングな大人への近道なのでは、と思います。

1870年開業の老舗。数軒先に、蘭などを扱う鉢花専門のショップもある。

ボーダーを大人っぽく

ARTCURiAL

アールキュリアル

新刊既刊問わず、アート本の在庫は1万8000冊を数えるという。国内外の展覧会図録も豊富だ。

ARTCURiAL

61 ave. Montaigne 75008
01 42 99 16 19
a.m.9 – p.m.7　日休

競売所の中にある、アート専門ブックストアです。
シャンゼリゼ沿いなのに、中はとても静か。
喧噪を忘れて本に没頭できます。
緑の見えるカフェがあって、休憩できるのもいいわね。
今日は、前から欲しかった
エチオピアの写真集を予約しました。

お気に入りのスウェードコートのインナーには薄手のカットソー。胸元のドレープがきれい。

アートっぽいプリントを一枚

JUNKO SHIMADA

ジュンコ シマダ

ボディはふんわり、袖先は細め、一枚でバランスよく着こなせるコットンジャージーのドレス。

パリで最初に店を開いたのは、1984年、メトロのエティエンヌ・マルセル駅の近く、ヴィクトワール広場でした。ティエリー・ミュグレーやクロード・モンタナなど、時代の先端をいくデザイナーの店があった場所です。そこにコレクションラインを置いていたのですが、どうも服が場所の雰囲気と合わない。そこで、モンテーニュ大通りに、もう1軒店を出しました。オートクチュールの店が軒を連ねる通りでしたので、ここにコレクションラインを、そして、最初の店にはJUNK（ジャンク）という名の若者向けのラインを置くようにしました。その後、2軒をたたんでいまの場所に2001年、移ってきたのです。コンコルド広場の近く、サントノレ通りと交差する、サンフロランタンというかわいらしい名前の通りの13番地。元はクリスチャン・トルチュの店でした。

サントノレ通りは、昔は薬屋さんや商店があって、もっと生活感がありました。いまはフォーブル・サントノレと区別がつかない高級ブティック街になってしまったけれど、一方通行で、車で一度通れば道の両側が見えるところが好きですね。

ブティックの奥には、私と娘の今日子のアトリエがあります。移ってきたときは、汚れた物置小屋のようで、作り替えるのは、時間もお金もかかったわ（笑）。同じ通りの11番地には、私がデザイナーになるきっかけを与えてくれた「マフィア」のオフィスが、偶然にもモンマルトルから越してきていました。社長のマイメイが亡くなって、マフィアは解散してしまったけれど、この通りには縁があるんだと思います。空き家があったら借りて、デザイン室など作りたいですね。

JUNKO SHIMADA

13 rue Saint Florentin 75008
01 42 77 07 00
a.m.11 – p.m.7　日月休

メンズサイズで編んだざっくりニット。
これだけの厚さ、珍しいでしょう？
8本取りで編んだのよ。
細いデニムやショートパンツに合わせてもいいし、
起きたときにすぽっとかぶって
朝ごはんを食べるのもかわいいわね。

ブティックの奥にはアトリエの棟が2つ。2014年春夏のショーは、ここの中庭で行った。

コートを着くずす

Musée de la Vie Romantique

ロマン派美術館

画家アリ・シェフェールが、1830 年から亡くなるまでの約30年間過ごしたアトリエ兼住居。

Musée de la Vie Romantique

16 rue Chaptal 75009
01 55 31 95 67
a.m.10 – p.m.6　月休

館山で育った子どものころ、海軍が置いていった
コートを直して着ていました。
ユニフォームっぽいものやネイビー色、
マリンテイストが好きなのは
そのころの影響があると思います。

ネイビーのコートとボーダーのマリンスタイル。シルクスカーフが彩りと大人らしさをプラス。

エッジィな白

NEW MORNING

ニューモーニング

ざっくり編んだコットンのニットの首元に、クラシックなパールを2連にしてチョーカー風に。

NEW MORNING

7&9 rue des Petites Écuries 75010
01 45 23 51 41
営業時間はプログラムにより異なる。不定休

ふだんはジャズクラブなんだけど、
有名アーティストが
本番前のリハーサルに使うことも、たびたび。
80年代に、プリンスのシークレットライブを
かぶりつきで見たわ。
すごく素敵だった！

数々の名ジャズ奏者が演じた老舗クラブ。トランペットの日野皓正さんも、2014年3月に登場した。

11区

革は強い味方

Ave Maria

アヴェ マリア

娘の今日子さんの友人が経営するバー。カクテルと料理と選曲がいい店として人気。

Ave Maria

1 rue Jacquard 75011
01 47 00 61 73
p.m.7 – a.m.1（木・土 – a.m.2）　無休

レオパードやクロコダイルといった、
強い動物の革が大好き。
身につけると安心するのね。
私を守ってくれる、
鎧のような気がするのです。

ボーダー×サブリナパンツというカジュアルルックに、さっと羽織ったファーがドラマティック。

13e arrondissement

13区

ユーモアあるプリント

HAWAI

ハワイ

曼荼羅を思わせる、カラフルなプリントにファーコートを羽織って。左はレストランのオーナー。

HAWAI

87 ave. d'Ivry 75013
01 45 86 91 90
a.m.11 – p.m.3　p.m.6 – p.m.11　火休

私が服作りで表現したいのは、
シンプルで、でも時々コケティッシュで、
ユーモアがあって、平凡に見えて平凡じゃない、
そんなスタイルです。
一番難しくて、素敵なことね。

安くておいしいベトナム料理店。13区の中華街はヨーロッパ一の規模と言われる。

14区

モヘアが大好き

Chez Natasha

ナターシャさんの家

ナターシャさんはJUNKO SHIMADAの花柄トップス。Vネックのモヘアニットは順子さんの定番。

ナターシャは40年来の友人です。
洋服を買い替えるように友達を替える人もいるけど、
私はそうじゃない。
服も、気に入ったら何枚も持ってとことん長く着ます。
服と友人との付き合い方は、
似ているのかもしれないわね。

家でディナーすることもしばしば。夫を亡くして独身同士、恋の話に花が咲くこともあるとか。

15e arrondissement

15区

インパクトあるボトムで

Kitchen Bazaar

キッチンバザール

1967年にオープンした、人気のキッチン道具店。パリ市内に5店舗を持つ。

Kitchen Bazaar

11 ave. du Maine 75015 Paris
01 42 22 91 17
a.m.10 – p.m.7　日休

コンサバなスタイルが上品とは限らないし、
整っていることがエレガント、とは感じません。
思い切って派手なパンツをはいてみたり、と
いつものセオリーを少しはずせば、
服は突然その人らしい、自然な魅力を放ちます。
それこそ真のエレガンスではないかしら。

仕事が忙しくなると気分転換に生活用品を買うのだそう。今日はトースターとフライパンを。

エレガントなトップスで

Monsieur Bleu

ムッシュ ブルー

内装を手がけたジョゼフ・ディラン氏。2013年4月にオープンした250席の大型店。

Monsieur Bleu

20 ave. de New York 75116 Paris
01 47 20 90 47
p.m.12 – p.m.2:30　p.m.7:30 – p.m.11:30

パレ・ド・トーキョーにできた話題のレストラン。
デザインを手がけたジョゼフは娘の今日子の幼なじみ。
家族ぐるみで毎年、インドにバカンスに行ったものです。
今やジョゼフは世界を飛び回る建築家。
2区にあった私のパリの店や、東京の店は
彼が設計したのよ。

ブラウスに見えるトップスは、実はワンピース。クシュッとスカートにたくし入れて着こなす。

17区

羽織りものとしてのコート

Caves Pétrissans

カーヴ ペトリサン

軽いナイロン素材のチェックのコート。前を開けてロングカーディガンのように着る。

Caves Pétrissans

30 bis, ave. Niel 75017
01 42 27 52 03
p.m.12:15 – p.m.2:15　p.m.7:30 – p.m.10:15　土日休

何万本ものセラーがあるワインビストロ。
お手ごろな値段のワインでも、
デキャンタすればとてもおいしくなると
教えてくれたのは、このお店。
30代のころ住んでいたアパルトマンに近く、
3日に1度は通っていました。

1895年にワインショップとして創業。「食事には、お酒があったほうがいいわ」と島田さん。

18e arrondissement

18区

家でこそおしゃれを

Chez Moi

モンマルトルの私の家

フロントにタックを細かく入れた繊細で鮮やかなチュニック。袖に配したフリルが甘さを醸す。

SHIGERU BAN
BEATON
RAFFAELLO
ROY LICHTENSTEIN
ROTHKO
DESSINS D'INGRES
KANDINSKY
PRADO
LE CHEVAL
KARL BLOSSFELDT
DUBUFFET
GEORGE SEGAL
GILBERT & GEORGE
Salvador Dalí
WARHOL
ALL AMERICAN
LE VAGUE

私がモンマルトルに住み始めたのは45年前。この地にオフィスがある「マフィア」へ入社したことがきっかけでした。

マフィアは、土木建築工学を修めたマイメイ・アルノダンと、ポリテクニック（理工系の高等教育機関）を卒業したドゥニーズ・ファイヨールの女性カップルが立ち上げた会社。スイスのデュポン社や、ルノーなどをクライアントに持ち、新製品のデザインから宣伝広告、イメージ戦略まで、多様なジャンルで先鋭の仕事をこなしていました。階級意識が残る保守的なフランスで、マイメイは銀行家の娘で上流階級出身でしたから、まさにスノッブな会社です。履歴書も持たずに面接に行った、どこの誰ともわからない私を、よく雇ってくれたと思います。

ここで私が学んだのは、ソフトからハードまでさまざまな商品を作りだすこと、そして、美や感性に対する考え方です。高級な装飾品ではなく、自分に似合うものを探し、見つけることで、アイデンティティが生まれる。内側にあるもの、教養やエレガンスが人を輝かせる、その考え方に心から共感しました。日本でヌーヴェルヴァーグの映画を見て、フランスに抱いた憧れと同じ感覚。「この人たちは皆と違う、洗練されていて素敵。でもなぜ？」と。

はっきり掴み切れないエレガンス、美意識や哲学、フランス文化が、自分の内部に浸透してほしいと望み、一生懸命努力して、少しずつ蓄積しました。これはデザイナーとしての私を支える大切なパートです。

モンマルトルは、パリの中でも「村」みたいなところ。
静かだし、長く住んでいる人が多いので
ご近所付き合いもある。
私がこのアパルトマンを買ったのは、30年以上前。
時間をかけて少しずつ空間を作りました。
物も家も人も、会うべくして会うのではないかと思います。

芸術家に愛される街。映画監督のクロード・ルルーシュも同じ通り沿いに住んでいる。

JUNKO par JUNKO

インタビュー

—— 順子からJUNKOへ

「生まれ変わった」と感じた経験を、
私は2度しています。
1度目は、パリで語学学校に通い始めた25歳のとき。
「言葉を一から覚えるって、生まれたばかりと一緒。
私の人生は、これからなんだわ！」
と解放感いっぱいでした。

2度目は、「マフィア」で仕事をしていた30代前半。
それまでどこかふわふわしていた私が
「プロになりたい」と初めて本気で願い、
必死に教えを乞い、働きました。
「プロになりたい」。
その思いは、いまも続いています。

⇦

1982

「ほんの少しのアイディアが、洋服の中にひとつあればいい。既製服デザイナーとしての楽しみは、それで十分だから」

⇨

1982

「女の人は魅力的でないといけないし、服は女の人を魅力的に見せるものでなきゃいけない。着る人がいきる服を、気軽に着られる形で作っていきたい。他のブランドと組み合わせできない服じゃ、さみしいと思いませんか？」

⇦

1985

「革はしわにならないし、どんな動きにもフィットして、型くずれしにくい。着ていてまったく気にならないの。おしゃれというのはいい服を着ることではないのね。ライフスタイルに合った一着を、愛情もってとことん着込むこと」

フランスが遠かった時代があった。高田賢三、入江末男、島田順子、みなヌーヴェルヴァーグに憧れて、遠いパリに来た人たち。ここで仕事をするなど考えもしなかったのだが……。パリは彼らを待っていた。

Part 1　パリと出会う。パリでの出会い。

「学校の教室にいるより、映画館にいる時間のほうが長かったくらい夢中でした。パリに一度は行きたくて」
一緒に行くはずだった親類が急にキャンセル、ひとりストッキングで包んだドル札をお腹にくくりつけ、船、鉄道、飛行機を乗り継いでパリへ。数か月遊んで日本に帰るはずだった。仕事を得て、住むことになったのは、ある偶然。
「ひとり旅だったから食事はレストランよりカフェ、そのほうがシンプルだし自然でしょう？　住んでいた部屋の近くのカフェによく行っていました。ある日、よく出会う男性のグループ（UPIの記者たち）から話しかけられたの。“パリで何をしているの？”“何をしたいの？”って。“デザイナーの勉強をしたい”と答えたら、プランタン・デパートのチーフを紹介してくれて、実習生になれた」
―― そのときのファッションを覚えています？
「ええ、よく。マリークヮントのミニスカートがファション革命を起こしていたときだったので、ヒップボーンのミニスカート、自分で作った服を着て、ヘアはシニョンにしていました」

さぞかわいくてチャーミングだったろう。そのシーンが想像できる。時代はベトナム戦争の真っ最中。UPIの記者である彼らは、緊迫した日々の連続だったはずだ。でも彼女に「ふつうの日本の女の子と違う」雰囲気があり、彼らを惹きつける「何か」があったから、思わず声をかけてしまったのだろう。そのうえ親切にも、仕事のきっかけまで作ってくれたのだ。そして、このことは順子がJUNKOへと変わるスタートを切る、運命的ともいえる瞬間だった。

Part 2　JUNKOスタイル。

「本を読んでいるより、服のことを考えている時間のほうが多かった」おしゃれが好きな女の子だったという。映画を通して「かっこいい」と憧れたパリジェンヌのファッションシーンだったが、パリに来て実際に見た彼女たちにカルチャーショックを受ける。
「私は何も知らない田舎娘だったから、素敵に見えたのでしょう。60年代の日本では、流行はシャーベットトーン、メイクはコパトーンとか、いろんなことが決まっていて、みな同じスタイル、同じ顔だった。パリジェンヌは、なんともいえない雰囲気の大人っぽさ、素顔なのに、すっきり、きれい。なぜなのだろう？　服にしても付けたり張ったりでなく、余分なものを削る、それが垢抜けるということ、洗練ということだとパリで知ったのね。自然体に見えるけれど、たとえば歯の矯正は子どものころに母親が受けさせるとか、基本的なことがきちんとクリアされている。素敵な女性とは？　を今まで、ずっと問い続けてきたような気がします」

Part 3　JUNKOスタイルはセクシー？

「JUNKO大好き！」。なぜ？「かわいい。日本のデザイナーにないセクシーな雰囲気のあるスタイル」と、いまやマカロンで有名な「ラデュレ」のコミュニケーション総ディレクターを務める、サフィア・ベンダリ＝トマは鋭く分析し、賞賛する。彼女はファッションジャーナリストとして、またソニア・リキエルのプライベート・プレスとして、ファッション界でキャリアを積んだ目利き。ラデュレのスイーツが、おしゃれなイメージでファンを惹きつけているのは、彼女のセンスによるところが多い。辛口の彼女が認めるJUNKO SHIMADAは、パリの女性から見てセクシーでチャーミングなファッションとして、独自のポジションを占めているのだ。
「違うわ！」。”セクシーな服”、と言われるたびに島田順子はきっぱり否定する。それは「セクシーという言葉が日本では少し誤解されている」という思いがあるからだ。
「肌を見せるとか、チラリズムとセクシーとは、全く違うと思う。どうも露出過剰で厚化粧の女みたいなのが、セクシーだと思われていて困るわ。私は、女性は女性らしくあってほしいと願って服を作っているつもり。それは私が26歳のときからパリに住んでいることと切り離せない、重要なことです。パリジェンヌは本当に美しいと思う。顔立ちではなく、洗練された雰囲気や物腰から香ってくる美しさ。何気ない仕草、たとえばたばこを吸うとき、きれいに手入れされた指から、ふっと一瞬醸し出される女らしさとか……。ハリウッド女優のように女っぽさをむき出しにするのとはまるで違う、控えめでいながら、ときおり、どきりとするほど女を感じさせる。そんなパリジェンヌの秘密がわかったのはここに住み始めてしばらくたってからです」
そしてこうも。「洗練された女は、裏で魅力的な女でありたいと非常な努力をしているのだけれど、同時に、さりげなく見えるよう凝った工夫をしているものです。パリジェンヌが、格別美しいわけではないけれど魅力的だ、といわれる秘密はこのあたりにあるのではないかしら」

Part 4　クリエーションのルーツ。

「時代の先端を行くモードを追求するとか、洋服に哲学的な意味を持たせるなんていうことは、考えたこともありません。ジャーナリスト受けのいい服を作ろうなどと意識することは、ヒップがぺちゃんこに見えてしまうパンツを作ってしまうこととほとんど同義なんです。そうでなく、私は女性をかっこうよく見せるデザインを追求してきました。

⇨

1988

「仕事が終わると、まずお風呂に入ろうと思う。私の楽しみでもあるの。肌がつるつるしているって言われるのは、お風呂にオイル入れているせいね。オイルだけじゃ味気ないので、香水も入れて」

⇦

1995

「胸やお尻など、日本人の体形はフランス人に比べて扁平でしょ、肩の骨格も違いますし。でもそれは欠点ではなく個性です。日本人向けの服のときは、ダーツの取り方や縫製の仕方など、より立体的に美しく見えるようにしています」

⇨

2003

「脚、太いのよ。自分でよくわかってる。だから、脚から目をそらさせる工夫をするんです。11 センチヒールのブーツを履く、上半身にアクセントを持ってくる、黒系のストッキングでカバーする。夫は嫌がるでしょうね、ちょっと短すぎるんじゃないか、とか言って」

ふつうの人が着てくれる服を」。自ら作り、着る。女性デザイナーならではのコンセプト。確かな目線。ふだん着のような、気取りのない着やすい服。にもかかわらず、フェミニンでエレガントな雰囲気。なぜだろうとずっと問い続けていたのだが、今回何度も話す機会を得たことで､思いがけず“STYLE JUNKO”のルーツにたどり着くことになった。「ヘビとかワニの革が好き」。クロコやパイソンなど、怖い雰囲気の動物素材なのだが､「爬虫類の革を着ると、守られている気がする」と。また、「ぬいぐるみみたいな温かい肌触りが気持ちいい」と、ミンクなどの高級ファーもさらりと着こなす。「ダウンはあまり好きじゃない」。なぜ？「ナイロン素材、冷たいじゃない？」。パンティストッキングははかず､ガーターベルトをする。眠るときはピンクのネグリジェやシルクの素材が気持ちいい……。「一人のベッドだから何を着て寝てもいいようなものだけれど。男の人と一緒だったら逆、わざとこだわらないわ」と。
デザイナーとして女性として、敏感な皮膚感覚、センシビリティ。彼女はセンシュアル（感覚的、官能的）な人なのだ。それがセクシーという言葉でくくられるのだけれど。

Part 5　70代で魅力的、なぜですか？

お孫さんがいるgrand-mère（グランメール＝祖母）だなんて思えない、抱きしめたくなるようなかわいい雰囲気。パンツスタイルもピンヒールもオーケーのスタイリッシュさ、子どものころ声楽で鍛えた若やいだ美しい声、実年齢は関係なしですね、順子さん。
── ストレッチはスタイルアップのため？
「怠け者だから、そうした努力ができないの。ゴルフのアベレージが上がる、30ヤードは伸びると聞いて、その気になっただけ」
── いつも明るく楽しそう。ストレスはないのですか？
「“私はチャンスに恵まれている”と自己暗示にかけるのです。悲しいこと、ショックなこと、絶望、たくさんあります。どん底気分のときは、カードをするの。ラッキーカードが出るまで2時間ぐらい引き続けることもある。そうしていつも立ち直ってきたのよ」

―― 若返り美容とかどうですか？

「そのための時間がありません。鏡を見て一瞬ドキッとすることもあるし、シミ治療などをすすめてくれる友達もいるけれど、10日間も日光禁止ですって。ゴルフができなくなるわ。一日中鏡を見ているわけではないし、気にしません。痛いのが嫌いだから、メスも怖いの」

―― 美容院にも行かないのだとか。

「好みの洗い方や仕上げ方がありますし、好きなシャンプーを使ってもらえるわけでもないですから、自分でするのが一番です。それに、髪を切ってもらう間、鏡でずっと自分の顔を見ているなんて！」

―― いつも恋している人と言われますが、素敵と思う男性のタイプは？

「優しい人」

―― フィジカルなところでは？

「後ろ姿に魅力がある人が好きです。背中には男性的な特徴が現れると思います。美しい背中を持った男性に惹かれますね、好きになった人はいつも後ろ姿のきれいな人でした」

―― 年を重ねることへの恐れは？

「憧れる先輩たちがまわりにいます。たとえば大好きなアーティストのクロード・ラランヌは、80代でしわだらけ。本人は気にしているけれど、インテリでエネルギーに満ちていて魅力的です。彼女たちの生き方を見ていると、私はまだ未熟、これから学ぶことがたくさんあると思うのです」

「これから学ぶことがある」。賢者のような言葉、美しい力がある。

インタビュー・文　村上新子

写真とコメントは、雑誌『クロワッサン』に掲載されたものです。撮影：柴田博司、青木和義、磯谷良行

Le style JUNKO 100

島田順子スタイル100

—— 自分らしく着る

買ったばかりの赤いヒールを履きたい、
少し疲れているから優しいカシミヤに包まれたい。
そんなワンポイントから始めればいいのです。

コツは、整えすぎず、決めすぎないこと。
着慣れたシャツやニットなど、
自分がほっとするアイテムを合わせる。
新しい服や靴は家の中で着て履いて、
自分のものにしてから出かける。
気分良く着るのがいちばんです！

Sortir

おでかけ気分で

街に出かけるときのスタイルは
目的や場所もさることながら、
その日の気分もとても大切。
ほんの日常のシーンでも
セットアップで決めるのもいいし、
夏の日差しが心地よいと感じたら
リゾート風にするのもいい。
おしゃれに自分の意思さえあれば
どんな空間だって
自分のスタイルを当てはめることができるから。

01

初夏のグリーンによく映える、ゼラニウムのプリント。コートとスカートは麻、ブラウスは順子さんが自分用にシルクで作った。同柄の異素材合わせが高感度な遊び心を表現している。

02

羽織で着てしまいがちなノーボタンのスウェードシャツを、シルクスカートにインして、カシュクールブラウスのようにアレンジ。スウェードとシルク、テイストの異なる素材のコンビネーションも粋。

03

左ページと同じスウェードシャツに、パシュミナのストールを無造作に巻きつける。同系の色合わせやインパクトのある大ぶりジュエリーが絶妙なハーモニーを生み出す。

シャンゼリゼ大通りは、順子さんも大好きな通り。P.30-31 で紹介した書店「ARTCURiAL」や、娘の今日子さんの誕生祝いをしたカフェ、「フーケッツ」も、この通り沿い。

04

スウェードのセットアップにペイズリー柄のインナーでシックに決めたら、マルチカラーのニットで華を足す。ニットの着方もお決まりじゃなく、効果的に見せる順子流の演出で。

05

大きめのボタンがポイントのスプリングコートをドレスとして着る。襟の立て方やベルトの結び方など、ちょっとした具合によってこんなにも凛々しく、かつエレガントに。

06

ポリエステル素材のライトコートにパイソン柄のジャカードニットを重ねて、ワンピースのようにコーディネート。先入観を捨てれば一つのアイテムがいく通りにも活躍します。

07

シルクシフォンの水玉柄ワンピース。バルーンシルエットが甘さを主張する一方で、細身の六分袖が大人バランスを生み出している。左腕にはめたアンティーク調の大ぶりアクセも効果的。

08

水玉柄のプルオーバーは、スカートとセットアップ。繊細な黒いシフォンに、赤いリボンがチャーミングな表情をプラスしている。フレア仕立ての袖もドラマティック！

09

真っ白いロングドレスは、クルーネックにボックスプリーツのスポーティなデザインが爽やか。ハードなベルトや大ぶりのジュエリーとサングラスでハンサムに味付け。

10

大きなテーラード襟が特徴的なストライプシャツは、裾を結んでドラマティックに。ショートパンツからのぞく脚にはファンデーションを２色使って肌色を整えている。コルクの厚底サンダルでバランスよく。

11

ストライプシャツと金ボタン付きのネイビースカートで、マリン風スタイリング。胸元を大胆に開けてスカートにインしたラフな着こなしも、こなれていて素敵。

12

ロマンティックなスモッキングブラウスは、肩を見せて大人っぽく。ボトムは麻素材にメタリックで柄を施したちょっとハードなスカートで、ミックス感を遊ぶ上級スタイルのおしゃれ。

白のオーストリッチ素材のハンドバッグは、長年のお気に入り。エレガントな小物をきちんとした格好に持たず、わざとカジュアルなスタイルに合わせて崩していくのも順子流。

13

シンガポールでのコレクションショーで。ニワトリが大胆に描かれたインパクトの強いパンツも、カシュクールトップスとカーディガンで、肩の力を抜いて着こなす。

14

モザイク柄のスリムパンツに、ざっくりとした麻のニットをラフに合わせて。一見ゆるい雰囲気のスタイリングでも、ピンヒールで女っぽさを主張するのを忘れない。

15

ピーコック柄が印象的なストレッチパンツ。個性の強いプリントには同系色のトップスを合わせて品よく見せる。大きく開いたネックラインや動きのあるフレアシルエットがエレガント。

Vacances

リラックスしたいから

忙しい日々の合間に、
ふっと息抜きの時間を作るのが
順子さんはとても上手。
いつものパリの街中でも
館山のマリーナでも、山の中の日本家屋でも。
本物のバカンスを知っているからこそ
自分流のリラックス感で
さまざまなシチュエーションを
ラグジュアリーな休息の時間にできるのだ。

16

マルチボーダーのワンピースは、フレンチシックなバカンス気分を盛り上げる一枚。シンプルに見えて、ボートネックや袖の直線ラインなど、美しいラインを生む秘訣が満載です。

17

実家のある館山に帰るとクルージングを楽しむのがお決まり。ホワイトコットンのバミューダパンツにベージュのローファー。素肌に着たニットのラメが日差しにきらめいて。

18

マリンブルーのパイピングを効かせたトップスに、ホワイトデニムのスカートがマリーナによく似合う。ヒョウ柄の大きなトートバッグとパナマ帽がリュクス感のポイントに。

19

スウェードの上質感と鮮やかなブルーが魅力のセットアップは、心地よいエレガンスを演出。ゆるやかなAラインのトップスと、ドレープ仕立てが美しいスカートのバランスも絶妙です。

20

考え事をしたり唄ったり。車の中での時間が好きと言う順子さん。ゴルフ場までのドライビングスタイルは、はき心地抜群のベージュのパンツに淡いグレーのニット。袖口を無造作にまくるのはお約束。

21

ライフスタイルの一部であるゴルフも、〝いかにも〟のウエアではなく、あくまでも島田順子スタイルで。トーンを合わせたベージュ系のコーディネートがグリーンに優しく映る。

22

ボーダー柄のスカート、トップス、ロングカーディガンのセットアップ。カジュアル度の高いボーダーアイテムも、セットで着ると、こんなにもエレガントな表情になる。

23

館山の家で、しばしの休息。シルクのムラ染めのパンツとトップスはシックな色合いがポイント。セットアップなら、ほどよいリラックス感がありつつ、おしゃれ度も満点。

24

インパクトの強い豹柄も、フリルを贅沢にあしらったシルクシフォンのブラウスなら極上のエレガンス。立体的なネックラインがデコルテをより美しく演出。パンツにインして。

館山の家の玄関先には、夏の雰囲気いっぱいの帽子がかけてある。パナマ帽、麦わら帽…その日の気分でさっとかぶっておでかけです。

25

ヘリンボーンの半袖ニットは、シックな柄と透け感のあるモヘアの繊細な編地が印象的。ベージュのセンタープレスパンツで、さりげなくマニッシュに着ているのが素敵です。

26

縁側でほっと一息。ラメがきらめくシルバーニットは、クシュッとしたネックラインがニュアンスのある一枚。グレンチェックのバミューダパンツで、英国の男の子のようなスタイリング。

Le temps privé

自分のために使う時間

順子さんのフランスでの暮らしは
モンマルトルにあるアパルトマンと
パリ郊外、フォンテーヌブローの森にほど近い
ブーロンマーロット村にある
18世紀に建てられた古いお屋敷。
いずれも時間をかけてじっくりと
自分好みの空間をつくってきた。
人を呼ぶときも、一人の時間も
気負わずにスタイルにこだわって。
それが常に心地よくいられる秘訣かもしれない。

27

ベージュのニットと同系カラーのストレッチパンツ。ロングネックレスをかけただけのシンプルコーディネートも、上品なベーシックカラーというだけで、こんなに決まる。

28

華やかなピーコック柄のパンツに、胸元が大きく開いたVネックのベージュニット。スタイリングの決め手は、大ぶりのアンティークネックレス。ぐっと個性が強くなる。

29

パリでデザイナーとして活躍している娘の今日子さんと。レーシーニットとグリーンのパンツのほどよくリラックスしたコンビに、ゴールドのモダンなネックレスが効いている。

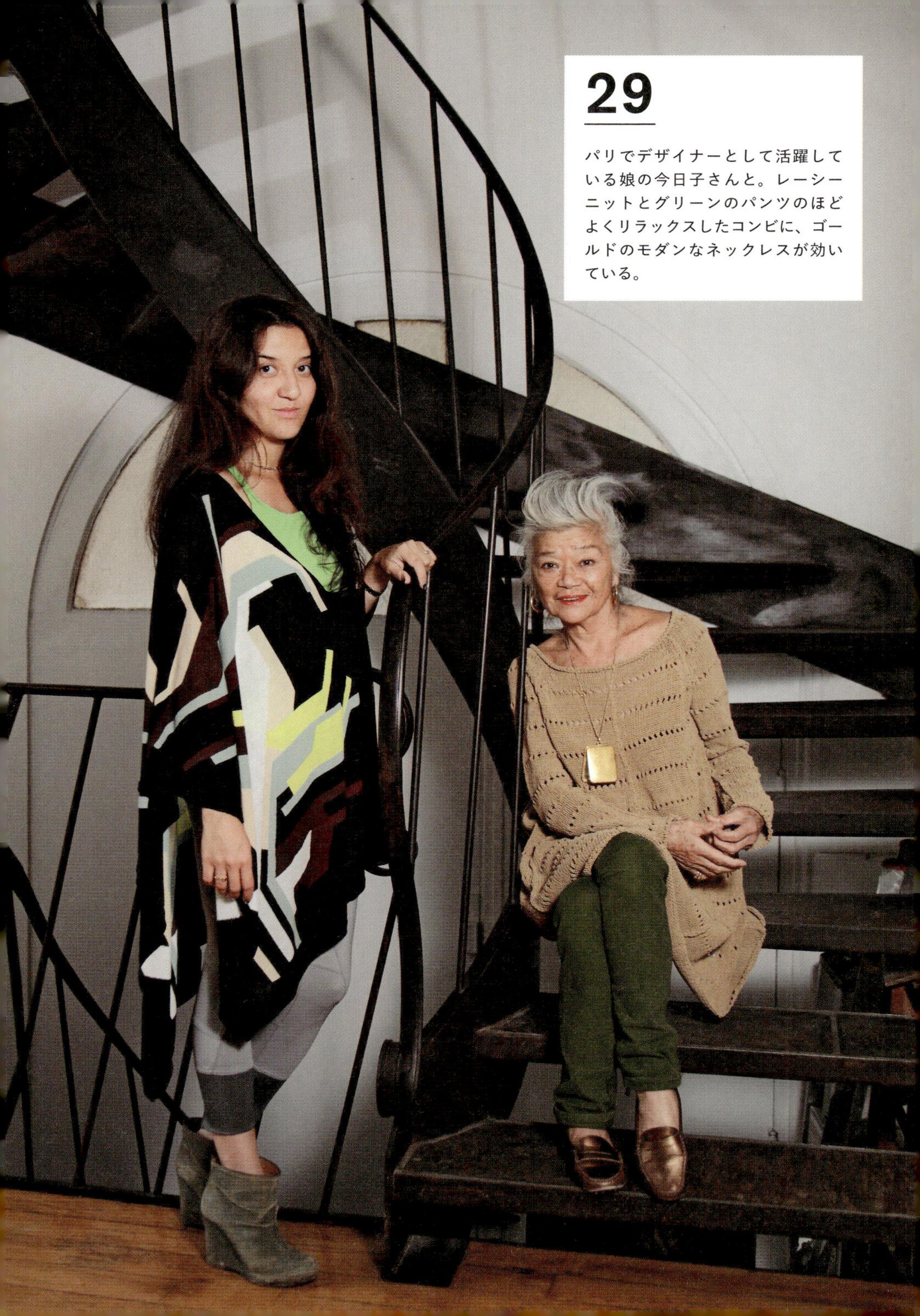

30

フォンテーヌブローの家で、愛する犬たちとくつろぐ。ゆるりとしたブラックニットにブラウンのスウェードパンツには、2連にかけたネックレスをさりげないアクセントに。

31

大きな鏡の前に並んだクリスタルの燭台が圧巻の美しさ。鮮やかグリーンのカシミヤニットにホワイトパンツのコントラストが、キラキラ輝くグラマラスな空間によく映える。

EAU
DE
TOILETTE
SHALIMAR
GUERLAIN
PARIS

32

友人のアーティスト、河原シンスケさんと青山でばったり。2014-15年秋冬のモヘアツイードのハーフコートを着て。ファーでトリミングしたフードが大人の上質カジュアル。

33

大人の上品なセクシーさを演出するのに欠かせないのが、順子流レオパード。シルクシフォンのブラウスとスカートのセットアップは、繊細な素材感でフェミニンな印象に。

34

今日子さんの娘のいまちゃんと3ショット。島田さんはリボンヤーンのツイードジャケットをパイソンのパンツでクールにハズした着こなし。3人がモノトーンなのも素敵。

35

アイレットの模様が入った麻のニットに、サイドがスウェードで切り替えられたパイソンスカート。涼しげだけど素朴な風合いのトップを、パイソンがハイエンドに引き上げる。

36

パイソンのパンツはそれ一枚でおしゃれの迫力が生まれる。トップスは白いニットでシンプルに着こなしつつも、カシミヤの上質感が大人のスタイリングの鍵となっている。

37

大胆なニワトリのプリントがインパクトのあるシルクパンツ。トップスはそれに負けないくらい発色の美しいパープルのカシミヤニット。ペンダントでモダンに仕上げて。

38

着心地のいいジャージーのワンピースも、胸元のドレープや細身の袖などが、女性らしいディテール。同色パンプス、大ぶりのジュエリーと、ラフな服こそ小物使いが重要。

39

普通は一枚で着るジャージーチュニックの下に、あえて白シャツを着ることで、表情の違うスタイリングを楽しめる。肌になじむベージュの厚底サンダルが膝下を美しく見せている。

順子さんが描いた絵の数々。この屋根裏は、家を買ってしばらくは動物が住んでいたので改修に手をつけなかったのだとか。生きるものに優しい順子さんならではのエピソード。

40

フォンテーヌブローの家の屋根裏で、水彩画を描く静かなひととき。リラックスタイムを共有するリネンのカットソーは、肌触りよく、ネックラインのあきが美しい極めてフェミニンな一枚。

Au Travail

お仕事スタイル

順子さんにとってファッションは
仕事でもあり自分そのものでもある。
服を作ることも着ることも
決まりきった概念など要らないのかもしれない。
大切なのは、自分らしさがそこにあり
それが心地よさとマッチすること。
バリバリと実働的な仕事をこなすとき、
順子さんは圧倒的にパンツスタイルが多い。
アクティブでクールでシンプル。
そこに潜んだ着くずしの技がなんとも魅力なのだ。

41

2014-15年秋冬の展示会場にて。鳥の羽をモチーフにしたシルクシフォンの新作トップスに、お気に入りのパイソンパンツ。会場にいた男友達の帽子をぱっとかぶってスタイリングが完成！

42

マニッシュに着るデニムスタイルも順子さんの定番。ストレートのインディゴデニムをロールアップして、パープルのカシミヤニットを一枚。ゴツいバックルのベルトもポイント。

41

2014-15年秋冬の展示会場にて。鳥の羽をモチーフにしたシルクシフォンの新作トップスに、お気に入りのパイソンパンツ。会場にいた男友達の帽子をぱっとかぶってスタイリングが完成！

42

マニッシュに着るデニムスタイルも順子さんの定番。ストレートのインディゴデニムをロールアップして、パープルのカシミヤニットを一枚。ゴツいバックルのベルトもポイント。

43

ゴールドラメのニットにベージュのパシュミナストールを無造作に巻きつけて。色のトーンにあまり差異がないアイテムを組み合わせてしまうのも、上級者のテクニック。

JUNKO SHIMADA
BRUNET
RUE DE CLICHY
Bonjour Junko,
à scanner
江藤様 c/o JS. JAPAN

43

ゴールドラメのニットにベージュのパシュミナストールを無造作に巻きつけて。色のトーンにあまり差異がないアイテムを組み合わせてしまうのも、上級者のテクニック。

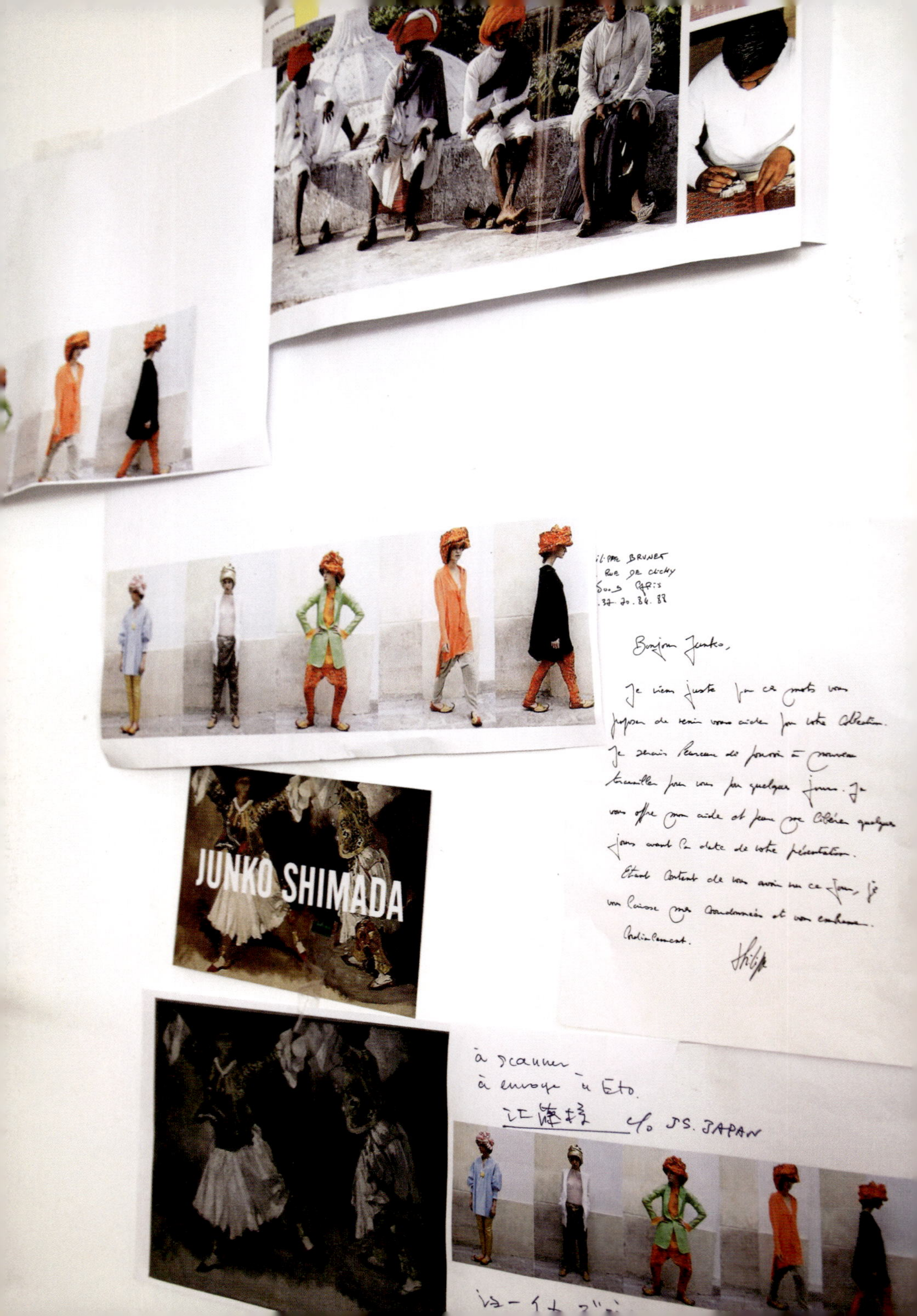
JUNKO SHIMADA
BRUNET
RUE DE CLICHY
PARIS
.37.20.84.87
Bonjour Junko,
Je viens juste par ce mots vous proposer de venir vous aider pour votre Collection.
Je serais heureux de pouvoir à nouveau travailler pour vous pour quelques jours. Je vous offre mon aide et peux me libérer quelques jours avant la date de votre présentation.
Etant content de vous avoir vu ce jour, je vous laisse mes coordonnées et mon embrasse.
Cordialement.
Philippe
à scanner
à envoyer à Eto.
江藤様 c/o JS. JAPAN

44

デニムに白シャツ、ネイビーのVネックニット、スニーカーと、フットワークが重要なシーンでは、こんなボーイズライクに。仕上げに袖をクシュッとまくるのが順子スタイル。

45

白シャツとデニムという王道のベーシックスタイル。シャツはご主人のものだが、メンズっぽく着こなすのではなく、あくまでも自分のものにして着こなすセンスに感服。

ÉTÉ
PROTOS

46

白シャツ×デニムにさらっとプラスしたのは、またもやマニッシュなアイテム。フードにファーのついたレザーのダウンジャケットは、カジュアルでも迫力満点の高級感！

47

2014-15 年秋冬の緊張感溢れるショーのリハーサル。トラッドなチェック柄パンツにマニッシュな靴で英国紳士風に。ペイズリー柄のストールで少し外すのは順子さんならではの上級技。

48

ショーの直後。パイソンパンツにシルクのストライプブルゾンという、柄×柄のハイレベルな着こなし術。シルクオーガンジーのフリルをあしらった甘いブラウスが、絶妙な調和剤になっている。

49

ショーのリハーサル光景。順子流スタイリングポイントのひとつ、Vネックニットは前後逆でも着る。確かにクルーネックとVネックの 2WAY になるのだから活用度もアップ。柔軟な頭はおしゃれに必須。

2013 年 3 月に行われた、2013-14 年秋冬のテーマは、ライダースジャケット。新旧の作品をトーテムポールのように展示。その斬新さがフランスのメディアにも好評でした。

50

2013-14 秋冬でコラボしたアーティストの GOTSCHO 氏と。クロコのタイトスカートにウエスタンブーツが印象的なスタイル。太いベルトと大ぶりペンダントでさらに個性的に。

Formel

きちんと装うとき

順子スタイルの“きちんと”は
決して整いすぎていない、エレガンス。
素材やディテールにこだわった
上質な服を、ちょっと着くずす。
たとえばコートの袖をクシュッとまくったり、
ジャケットの袖を通さずに肩がけしたり。
どんなに完成されたフォルムでも
自分仕様にしっくりとなじませてしまう。
それこそがスタイルを持つ人の
本物のおしゃれの醍醐味。

51

大ぶりの千鳥格子がモダンなトレンチコートとスカートのセットアップ。黒地にウール、ベージュ地にコットンを使った風通《ふうつう》織りという凝った素材で、よりおしゃれな印象に。

52

バーズアイ（＝鳥目織り）がクラシカルなカシミヤウールスーツ。ウエストシェイプのダブルジャケットにレースのアップリケを施したタイトスカートが、この上なく華やかでエレガント。

53

黒地のジャージーに白いスパンコールを敷き詰めたスーツは、着心地がよくて華もある。フリルがドラマティックなブラウスも、黒であることが大人のポイント。

54

華やかな表面感で魅せるリボンヤーンのセットアップ。シルバーのトリミングがモダンな印象。ジャケットに袖を通さず羽織るだけの着くずしが、女っぽさの秘訣です。

55

チョコレートブラウンのスウェードに、黒のチュールレースをアップリケしてドレスに仕立てた、手の込んだ一枚。繊細さの中に強さのあるデザインに、思わずひきつけられる。

56

黒の濃淡のネクタイ柄のコート＆スカート。黒糸の縁かがりがニュアンスのあるフリルブラウスが、マニッシュなジオメトリック柄によく映えて、いっそう華やかに見せる。

57

ヘリンボーンツイードにブラックレザーのトリミングを施して、クラシカルモダンに仕上げたコート。ボタンはひとつだけ留めて袖もクシュッとさせて、自分らしいシルエットに。

ジュエリーボックスのような、可憐なバッグ。バッグもジュエリーも、あれこれ持たず、着こなしのパンチになる本当に気に入ったものを長く使う、それも順子スタイル。

58

ゆるやかな巻き毛とシルキーな光沢感が特徴的なチキアンラムのフード付きコート。ゴージャスな素材を使ってカジュアルなデザインに仕上げているのが、かえって贅沢。

59

総ミンクのＡラインワンピースは着るだけで主役になれる存在感。潔いほどにシンプルなデザインが、素材の魅力をふんだんに発揮させ、チャーミングな雰囲気を醸し出す。

60

フェイクファーのスカートにモヘアのニットは、オフホワイトでやさしい印象。ウエストのリボン飾りや大粒パールのブレスレットの甘さに、「大人の透けブラ」で甘い毒。

61

お気に入りの骨董屋さんで。パイソン柄のリネンジャケットの下も、パイソン柄のワンピース。さらにグレンチェックでゼブラ模様にアップリケが施してある。迫力のアイテムも、気負わずに、ナチュラルに。

62

クロコにミンクのトリミングがゴージャス＆キュートなセットアップ。フリルブラウスを合わせたスイートなスタイリングを、メタリックのベルトがシャープに引き締める。

Masculin

かっこよく着る

真の女性らしさを知るほどに
マニッシュルックがサマになるのだと
順子スタイルが教えてくれる。
たとえ全身シックな色味で揃えても、
ワイルドなアイテムを主役にしても。
さらには、メンズライクを超えて、
本物のメンズアイテムを取り入れても、
おしゃれに成熟した大人の女性は
そこに必ず“色気”を
吹き込むことができるのだと。

63

東京の中でも特に好きな街、人形町で。ピーコック柄が華やかなパンツに、相性のよいパープルのカシミヤニット。さらっと羽織ったトレンチコートがかっこいい！

64

お気に入りのマニッシュパンツは、センタープレスのストレート。シューズやベルトもメンズライクに揃えたら、カシュクールのグレーニットでさりげなく女らしさを差し込んで。

65

羊革のベージュコートは、白いパイピングとダブルのボタンがミリタリー風の味付けに。パイソンのパンツとコート、同色の厚底サンダルでゴージャスに着こなす。

66

友人のヘア＆メイクアップアーティスト、マサトさんと。クロコのスカートにブラウンレザーのブルゾンのハードなコンビに、マリンテイストのプルオーバーが爽やかさをプラス。

67

デザイナーの入江末男さんとパリのシャングリラホテルで。グレーのマニッシュパンツにミンクの襟付きクロコジャケット。スイート×クールの、お得意ミックスマッチスタイル。

68

ワイドパンツが印象的なぼかしプリントのセットアップをヘアレザーのライダースできりっと引き締める。ブラウン系の色味でまとめているのがスタイリッシュ！

69

写真家の田原桂一さんと東京で。ネクタイ柄シリーズのジャカードコートとパンツの、シルク素材のセットアップ。水玉柄にプリントニットを合わせてしまう高度な技。

70

マニッシュパンツとファーのスポーティな着こなし。ファーのプルオーバーは、シルクオーガンジーにミンクのテープをたたきつけたもので、とても軽く着やすいのだとか。

71

カーキに赤いトリミングを効かせたブルゾンは、モコッとしたブークレーの身ごろにレザーの袖をあしらった異素材コンビ。レオパードの帽子がマニッシュ感を一気にアップ。

72

左ページと同じコーディネートでも、帽子があるとなしでは印象がかなり違う。カーキとグリーンの組み合わせは、葉が色づき始めた初秋の空気に美しくマッチ。

73

デザイナー・入江末男さん宅をサンジェルマンに訪問。ライトブラウンのミンクのプルオーバーをオリーブグリーンのデニムパンツに合わせた、上質なデイリールック。冬でも素足のおしゃれ魂！

74

ミンクのプルオーバーを脱ぐと、中はグリーンのカシミヤニット。この日はVネックを後ろにしたクルーネック仕様で。ごくシンプルでもそれだけで島田順子スタイルが完成。

フォンテーヌブローの家の庭で、愛犬・バンブー。日本での幼少時代から動物のいる暮らしをしてきた順子さんにとっては、ペットというのではなく、共に生きる感覚です。

75

ご主人のリーバイスで本当の“ボーイフレンドデニム”を体現。ボトムのメンズ色が強いぶん、トップスはプリーツの甘いシルクブラウスでバランスをとっている。

76

フォンテーヌブローのマルシェでお買い物。ブラックニットにブラウンスウェードのゆったりパンツ、ミンクのベストを合わせて、リラックスした秋のカジュアルルック。

77

野の花を摘んでお買い物帰り。いつものグレーパンツに、この日はベージュのカシミヤニットを。ファー襟のついたブラウンレザーのブルゾンで、よりマニッシュなスタイリング。

78

オーガンジーにミンクのテープをたたきつけた 70 のカーディガンバージョン。ペイズリー柄のエキゾティックなトップスとシルバー細工のベルトバックルがクールに引き締める。

「ダウンのひやっとした肌触りが苦手で」冬はもっぱらファーを着る順子さん。着こなしにパンチを与えてくれるファーの帽子も大活躍。

79

オーガンジー×ミンクテープのプルオーバーに同色ファーのスヌードをプラスして、タートルネック風にアレンジ。ミリタリーテイストのパンツとファーの組み合わせも新鮮。

80

お気に入りのグレーパンツは、シルエットの美しさに加えてシルクウールの上品な光沢感など、本当に秀逸。ミンクのプルオーバーで、最上級のマニッシュカジュアル。

Feminin

かわいらしく着る

ドレスであろうとパンツルックであろうと
順子スタイルは
絶対的にフェミニンが前提だ。
個性の強いアイテムも、インパクトのある柄も
順子さんが着ることによって
どこかチャーミングなニュアンスになる。
女性であること、自分であることを
楽しんでいるかのよう。
だからこそ、そのスタイルは
完成されていながらも、常に新しい。

81

ネル素材が肌に心地よいチェック柄ブラウスとスカートは、高感度なワンマイルウエアとして作ったもの。英国調の柄と相性のいいオックスフォードシューズが大人の着こなしポイント。

82

大親友、写真家でありアーティストの田原桂一さんと。マルチカラーのマーブルプリントが目を引く、モヘアのプルオーバー＆タイトスカート。個性のある華やかさも格別。

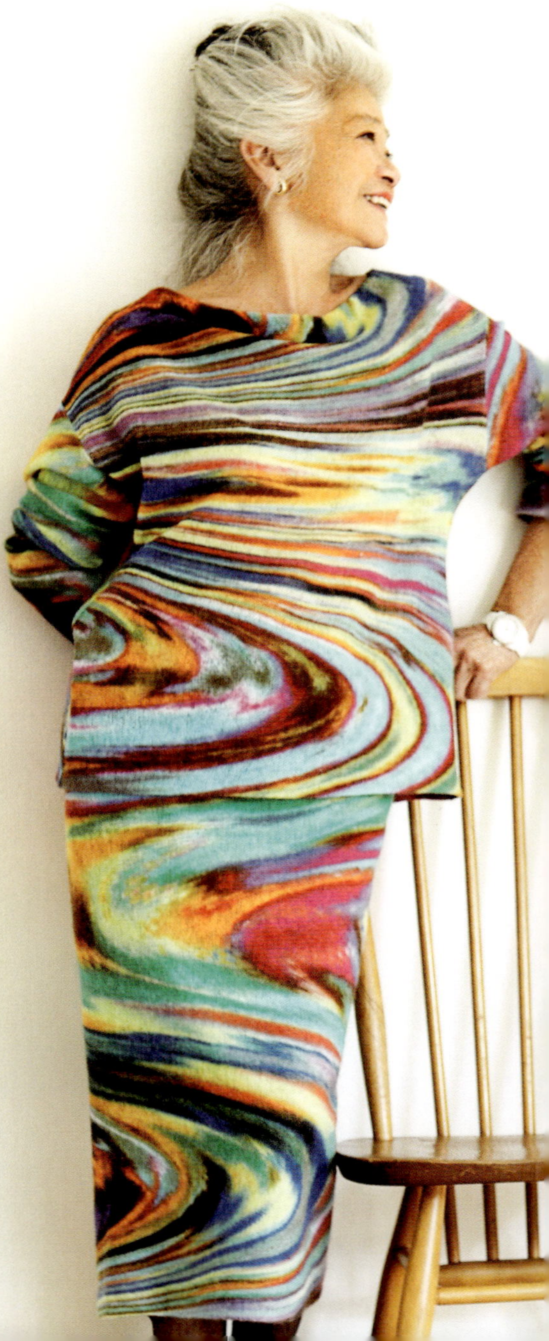

83

順子さんのデザインによく登場するジオメトリックなダイヤ柄。デザイン自体はシンプルでも、計算されたカッティングとの相乗効果で、着る人のシルエットをより美しく見せてくれる。

84

パイソンパンツは順子さんの大定番。インパクトの強いアイテムを、いつも違う表情で着こなしている。この日はスウェードのプルオーバーで、色を抑えた上品スタイル。スウェードを編んだ襟、袖、裾が美しい。

85

モンマルトルにある自宅のアパルトマンで。パープルとネイビーを基調にした花のしつらえもさすが。カシミヤニットにグリーンのカラーデニムといういつものデイリールック。

86

お気に入りのクロコダイルスカートに、オフタートル＆ドルマンスリーブのラメ入りニット。ネックラインからのぞく赤いサンゴのネックレスが、さりげなく華を添えている。

87

パリでの暮らしに花は欠かせないから、週末の午前中は決まって花を買います。形の美しいガラス瓶もフラワーベースやオブジェとして活用する、順子さんらしい暮らしぶり。

88

真っ白なアンゴラニットは、ふんわりとした質感と立体感のあるネックラインが愛らしい印象に。長年の花との暮らしと生まれ持ってのセンスも相まって、花のアレンジも見事。

89

モヘアニットにバラプリントのチュールを重ねた、女らしさ満点のワンピース。襟や袖、裾からモヘアのリブをのぞかせて、いっそうやさしい雰囲気が漂う。

90

左ページのワンピースに、色違いの同柄コートを羽織って、さらに華やかさアップ。モヘア×チュールのワンピに対してコートはアンゴラ混ウールという、得意の異素材コンビ。

91

親友の山田成子さんの軽井沢の別荘で。モヘア×チュールのバラ柄ワンピースのイエローバージョンを着た順子さん。成子さんのスカートも同じコレクションのもので、仲良く。

92

千鳥柄のスカートとニットは、切り替えや組み合わせで、柄の大きさの違いを楽しんだグラフィカルなスタイリング。成子さんはモヘアニットとフェイクファースカートのコンビで。

93

通称ネクタイ柄と呼んでいるダイヤ模様のジャカードワンピース。形はシンプルでも、シックな色味で表現したグラフィカルな柄と、光沢感がリュクスな雰囲気を漂わせる。

94

鈍い光を放つシルバーラメのニットは、落ち着いた華やかさを演出できる大人な一枚。グレンチェック×パイソンの個性的なタイトスカートが、さりげなくも絶妙なアクセントになっている。

95

フェザーヤーンのやさしい風合いにラメの輝きがグラマラスな、ツイード風ニットのセットアップ。「何か足りないのよ」と男性カメラマンのベルトをささっと巻くハズしのセンス！

96

インパクトの強い柄のコンビも、素材を替えればおしゃれのウイットが生まれる。パイソンレザーのパンツにコットンボイルの柄シャツを。ここでの少し真面目なテーラードが粋。

97

モヘアのカーディガンを一枚、ブラウス感覚で。スウェードにチュールレースを組み合わせたタイトスカートを合わせて、繊細さとタフさが混在する複雑なエレガンスを演出。

98

黒地がウール、白地がコットンという凝った織地が独特の表情を漂わせる。クラシック柄の千鳥格子を、極めてモダンに表現したトレンチは一枚で上級なおしゃれが完成。

バケツ型のパイソンバッグ。クロコダイルのリング、スカルのブレスなど、ハードなのにロックテイストになりすぎないのが、順子流スタイリングの真骨頂。

99

エキゾティックでゴージャスな雰囲気を併せ持つパイソンは、島田さんにとってお守りのような存在でもあるという。その迫力を感じさせないほど、シックに着こなすセンスはさすが。

ゴールドのメッシュバッグに無造作に花を入れる。靴はクリスチャン ルブタンに加え、最近はセルジオロッシやジャンヴィトロッシがお気に入りです。

100

長年懇意にしているパリの老舗の花屋さん「ムリエ・フルール」。クロコダイル×ミンクの白いジャケットとベージュパンツのやさしい色合わせが、カラフルな花の中で品よく映える。

PROFILE

1941　千葉県館山生まれ
1963　杉野学園ドレスメーカー女学院デザイナー科卒業
1966　渡仏
1968　パリの百貨店「プランタン」の研修室に入る
1970　スタイリングとパブリケーションの２つの部門を持つ
デザイナー集団「マフィア」に参加
1975　「キャシャレル」に入社
子ども服、紳士服、婦人服のチーフデザイナーを歴任
1981　パリに「JUNKO SHIMADA DESIGN STUDIO」を設立
パリと東京で初コレクションを発表
1988　東京に「JUNKO SHIMADA INTERNATIONAL」を設立
1996　日本ファッション・エディターズ・クラブデザイナー賞（FEC賞）を受賞
2012　フランス文化勲章シュヴァリエを授与される
パリ在住

JUNKO SHIMADA
www.junkoshimada.jp

あすなろ物語の主人公の様に
"明日は、今日よりもプロに近づきたい、
きっと明日は、もっと……と思って
いるうちに、たくさんの月日が
過ぎてゆきました。
苦しいこと、楽しいことも明るい
光を見て、野に咲く花に感動し、
すてきな夕暮を見つけで、
なんとか、なると、気を持ち直し
ながら、生きてきました。
きっとこれからも……!!と
思います。

島田順子

島田順子スタイル
パリ、大人エレガンス

2014年6月12日　第1刷発行

撮影：渞 忠之　山下郁夫　JO MORIYAMA　嶋 陽一
岩本慶三　齋藤順子　Arno Bani　Ernest Goh
取材・文：木戸美由紀　横山直美（cat）
協力：中西千帆子（traffic）

ブックデザイン：菊地敦己　北原美菜子
プリンティングディレクター：森岩麻衣子（凸版印刷）
パリロケ協力：エールフランス航空

編者：マガジンハウス
発行者：石﨑 孟
発行所：株式会社マガジンハウス
〒104-8003 東京都中央区銀座3-13-10
電話：書籍編集部03-3545-7030　受注センター 049-275-1811

印刷・製本所：凸版印刷株式会社

ISBN978-4-8387-2676-9　C0095